iHF

IHF n. 46

Direzione, redazione, amministrazione, pubblicità
Management, Editorial office and Advertising

ISOMEDIA srl
Via G. Donizetti, 12
20090 TREZZANO SUL NAVIGLIO (Milan) – Italy
Tel. e fax +39 02 48409019
www.ihfmagazine.it
www.isomedia.it
info@isomedia.it

Direttore responsabile
Editor in Chief
Marisa Leali

Hanno collaborato a questo numero
Cooperators
Penny Alfieri, Monica Bon, Eleonora Bussani,
Sergio Donelli, Gigi Gandini, Michele Gandolfi,
Franco Felice Fumagalli, Roberto Gotti, Anna Leali,
Gianluca Lucchese, Maria Chiara Mercati, John Santilli,
Filippo Sepe, Michela Traversini

Grafica e impaginazione || Graphical design
Martina Donà – martina@patuz.com
Registrazione Tribunale di Milano n. 485 del 23.07.2008
Spedizione in abbonamento postale 45%, art. 2 comma
20/ Legge 662/96 filiale di Milano

D.L. 353/2003 (conv. in L. 27.02.2004 n. 46)
Art. 1 comma1 DCB Milano
Articoli e fotografie, CD rom, materiale fotografico e
pubblicitario
Su supporti magnetici anche se non pubblicati, non
verranno restituiti.

Italian & International
Hair Fashion +
Beauty and Wellness

www.ihfmagazine.it

Sommario/*Contents*

Cover credits

Art direction: Bruno Marc Giamettei
Color mentor: Daniel Spiller
Videography: D&A Films
Photography: Jamie Blanshard Photography
Styling: Ellen Spiller
Make-up: Katie Moore
Cut by Wesley Hannes, JOICO Creative Artist
Color by Gregory Mastrostefano, Next-Gen Artist
Model Cristina @ The Hairdesk

DUE INNOVATIVI TRATTAMENTI DA JOICO

L'azienda leader nell'innovazione per la cura dei capelli presenta le sue ultime novità

NUOVO JOICO® Defy Damage KBOND 20
Healthy Hair – Super Charged

Che cosa si ottiene quando si combina l'expertise JOICO nella riparazione innovativa dei capelli e la capacità di contrastare i danni in un unico, straordinario prodotto? Ecco **KBOND20**, la maschera "super-potenziata" di Defy Damage!

Il nuovissimo trattamento bond-building che si avvale del doppio della tecnologia per capelli 5 volte più forti *.

Contro la rottura causata dal pettine su capelli danneggiati durante lo styling a caldo.

Conosciuto per la sua esperienza nella cura dei capelli con prodotti innovativi e una costante ricerca scientifica, JOICO si dedica alla salute del capello dal 1975.

Il brand "joi-ful" ha sempre proiettato nel futuro le proprie conoscenze e innovazioni. JOICO ha infatti stabilito nuovi standard grazie alla tecnologia SmartRelease®, un sistema di rilascio di liposomi unico nel suo genere - ispirato alla cura della pelle - che rilascia continuamente principi attivi per la salute dei capelli, riparandoli, rinforzandoli e proteggendoli dagli effetti accumulati dallo styling quotidiano.

Parte della pluripremiata linea Defy Damage, **KBOND20** è la maschera/trattamento più potente di JOICO. Partendo dallo storico K-PAK Reconstructor, vincitore di 18 premi Stylist Choice Award, JOICO, all'interno della linea Defy Damage, continua la sua tradizione con una nuova tecnologia.

KBOND20 promette di offrire risultati trasformativi eccezionali in un solo trattamento:

• Capelli 5 volte più forti* dopo un solo utilizzo

*Costruisce, rafforza e protegge** i legami dei capelli*

• Consente una ricca idratazione
• Districa istantaneamente
• Equilibra il pH
• Preserva il colore

NUOVO JOICO® "IN A FLASH"
Il Bond Builder in 7 secondi by Defy Damage

IN A FLASH è un trattamento "trasformativo" da risciacquare, progettato per costruire i legami e fortificare la struttura dei capelli in soli 7 secondi. sfruttando il potere della tecnologia Defy Damage, questa formula da-liquido-a-crema offre una trasformazione istantanea, rendendo i capelli più forti* e meno inclini a spezzarsi*.

Con una storia di successo che risale al 1975, JOICO continua oggi a ridefinire la cura dei capelli sani con soluzioni innovative e all'avanguardia.

"IN A FLASH" si aggiunge al pluripremiato portafoglio della linea Defy Damage, per soddisfare i professionisti dei saloni e i consumatori più esigenti.

"IN A FLASH" è la soluzione definitiva per chi cerca il massimo risultato nel minor tempo possibile.

In soli 7 secondi, questo rapido trattamento offre una moltitudine di benefici:

- I capelli risultano fino a 20 volte più resistenti alla rottura*
- Crea i legami e fortifica la struttura del capello

- Dona ai capelli un effetto liscio come la seta, senza appesantirli
- Preserva il colore
- Senza siliconi
- Approvato da PETA e non testato sugli animali a livello globale

Contro la rottura causata dal pettine su capelli danneggiati rispetto a capelli non trattati.

Grazie alla tecnologia Enhanced Bonding Technology e alla cheratina liquida, questo trattamento inizia a ricreare legami fin dalla prima applicazione, fornendo una protezione senza precedenti contro i capelli spezzati.

Els Philips, Technical Education Manager di JOICO EMEA, esprime il suo entusiasmo per questo prodotto:
"Sono stata una delle prime ad avere il privilegio di provare questo trattamento. Ho capelli ricci e secchi, il che rappresenta una sfida per molti trattamenti tricologici. Quando ho visto il risultato di IN A FLASH, sono rimasta davvero sbalordita: avevo una definizione eccezionale dei ricci, nessun effetto crespo, capelli incredibilmente setosi e lucenti senza sentirli appesantiti. La parte migliore: l'effetto è durato a lungo, molti colleghi e amici mi hanno chiesto cosa avessi usato sui capelli anche giorni dopo l'applicazione! Il cambiamento era davvero visibile".

Andrea Dorata
& Dorata Art

FROM GREAT BRITAIN

4

credits :: crediti
hair: Andrea Dorata & Dorata Art
@doratamarlow / @doratahenley
photo: Chris Bulezuik
make-up: Cristina Soar
styling: Andrea Dorata
www.doratamarlow.co.uk

hairstylist
HCF Creativ Team
FROM FRANCE

9

10

credits :: crediti
artist director: Christophe Gaillet
photo: Artur Berek
make-up: Anna Sokolowska
stylism: Kasia Jablonska
production: MK Production
partners: L'Oréal Professionnel
Revlon Professional

COLORANDA di AXENIA:
la primavera è rosso cenere

La moda capelli della Primavera/Estate vede il debutto di due nuove nuance firmate Coloranda, la colorazione senza ammoniaca del marchio Axenia di SOCO Professional. essi esaltano i rossi pantone più di tendenza.

La nuova collezione Coloranda di Axenia unisce la massima delicatezza che solo una colorazione senza ammoniaca può garantire ad un risultato professionale con riflessi cenere vibranti, per un perfetto bilanciamento di intensità e naturalezza.

5.61 Castano Chiaro Rosso Cenere
6.61 Biondo Scuro Rosso Cenere

Le due nuove nuance Rosso Cenere sono state formulate per rispettare la fibra capillare e donare al capello un aspetto sano dal risultato intenso ed assolutamente naturale e arricchiscono la gamma colore di Axenia Coloranda, sempre attenta alla salute e alla bellezza dei capelli durante tutto il trattamento di colorazione. La sua delicata formulazione combina preziosi pigmenti e principi attivi naturali in grado di garantire colore, salute e bellezza in un unico servizio.

I punti di forza della linea Coloranda Axenia sono:

- **AMMONIA FREE** – L'assenza di ammoniaca consente una delicata apertura delle squame del capello senza creare disidratazione, mantenendo così intatta la struttura capillare;
- **COPERTURA** - Ottima copertura dei capelli bianchi sia con le nuances naturali che con quelle riflessate, grazie al perfetto bilanciamento dei pigmenti;
- **AZIONE ANTI-AGE** - L'estratto concentrato di vino svolge un'azione anti-radicali liberi, detossinante e rigenerante

sul capello, rendendone più luminoso il colore;
- **PROTEZIONE** - L'estratto di linfa di Bambù protegge e nutre in profondità la fibra capillare, ne previene l'invecchiamento preservando la giovinezza e la vitalità dei capelli;
- **LUMINOSITÀ E BRILLANTEZZA** - Il segreto è racchiuso nella speciale texture in gel che consente una più facile distribuzione e assorbimento degli attivi su tutta la struttura dei capelli rendendoli più forti, morbidi ed estremamente brillanti.

Coloranda di Axenia è in grado di realizzare servizi colore su misura per valorizzare la bellezza dei capelli: un solo prodotto per colorare, coprire, mascherare, tonalizzare, riflessare ed illuminare.

Info: www.socoweb.it

L'evoluzione della cura dei ricci

La gamma Textures & Curls di Alterna consente di prenderti cura, proteggere e modellare i tuoi ricci, garantendo un aspetto favoloso giorno dopo giorno.

C sta per Cleanse

Non importa quale tipo di ricci hai, tutti richiedono cura e considerazione i risultati migliori iniziano con la detersione. È importante detergere i tuoi ricci e assicurarti di aver rimosso tutto lo sporco, detriti, sudore e accumuli di prodotto prima di applicare qualsiasi altro prodotto idratante o per lo styling. Allo stesso tempo, è bene non lasciare i tuoi ricci privi di umidità o, al contrario, pesanti o unti.

Detergente per ricci

Begin Again; questa formula vegana e priva di siliconi deterge rimuovendo gli accumuli, lasciando il tuo disegno di ricci raffinato, elastico e fresco. Molti shampoo possono essere aggressivi sui capelli, privandoli dei loro oli naturali, ma il Begain Again Curl Cleanser funziona anche per idratare i capelli e aumentarne la lucentezza durante la pulizia grazie a ingredienti come l'estratto di prugna Kakadu e l'olio di cocco del commercio equo e solidale.

Ultra Nourish

Una volta puliti i tuoi ricci, sono pronti ad assorbire l'idratazione di cui hanno bisogno per brillare davvero; il primo passo è un balsamo nutriente. In termini generali, più il riccio è riccio, più umidità richiede, e si dovrebbe anche considerare quanto spessi o fini sono i tuoi capelli quando scegli il balsamo. **Begin Again;** è arricchito con ingredienti idratanti senza tempo come burro di karité, olio di semi di moringa e burro di cacao del commercio equo e solidale per garantire che i ricci siano rinforzati, lucenti, elastici, idratati e nutriti, lisci e senza effetto crespo, pronti per lo styling.

R sta per Ricostituire

La maggior parte degli amanti dei ricci sa come stanno i loro capelli qualche giorno dopo il lavaggio. È sempre importante controllare i tuoi ricci. Si le punte sono troppo secche? I ricci cadono o sembrano troppo dritti e allungati? Potrebbe essere il momento per un trattamento profondo: **More Butter Masque;** contenente fiori di banana provenienti da fonti sostenibili, noti per migliorare l'idratazione e nutrire i capelli, questo è l'idratante perfetto per i giorni in cui i tuoi capelli hanno bisogno di più.

L sta per Rilassarsi; i capelli ricci hanno la meravigliosa capacità di essere manipolati in qualsiasi forma: a seconda dei prodotti che usi, non ci sono davvero limiti. Se desideri poter allungare di più i tuoi ricci per mostrare un po' di lunghezza in più o incoraggiare i tuoi ricci a pendere più in basso anziché sollevarsi, allora concentrati su prodotti che idratano e allungano e usali sui capelli umidi con la tua spazzola districante preferita.

Loosen Up Curl Elongator per allungare la forma dei ricci senza comprometterli, assicurando che l'aspetto generale dei capelli sia più lungo.

S sta per liscio e brillante

La chiave per modellare i tuoi ricci è trovare i giusti prodotti di finitura. Se vuoi che i capelli rimangano lisci e sempre lisci tutto il giorno, allora i gel sono essenziali per la cura dei tuoi capelli.

my Way Curl Defining Gel: è perfetto per creare stili che durano tutto il giorno senza lasciare i capelli asciutti o crespi. Inoltre, fornisce fino a 72 ore di resistenza all'umidità. Se vuoi saperne di più su come rendere la cura dei tuoi ricci un'esperienza sensoriale.

Visita il sito **www.alternahaircare.com** o Instagram all'indirizzo **@alternaeurope**.

Upcycling, dermocosmetica e Hair Care da BIOCLIN

L'Upcycling va a braccetto con la bellezza: dal packaging alle formule, il concetto confluisce in piacevolezza estetica ed ecologia. Upcycling significa riutilizzare gli oggetti per creare un prodotto di maggiore qualità, reale o percepita. Un esempio concreto? Si utilizzano gli scarti e i sottoprodotti della lavorazione alimentare, rendendoli gli attori principali della produzione. Frutta avvizzita, fondi di caffè avanzati e foglie di ulivo in eccesso trovano casa presso i brand cosmetici. Il packaging design si incentra proprio su quegli ingredienti che sono considerati scarti altrove, e quindi offre un'alternativa ai classici marchi di bellezza naturali.

Bioclin Laboratorio Dermonaturale, brand di dermocosmesi sostenibile di Istituto Ganassini, fonda le proprie basi su un costante processo di ricerca e sviluppo al servizio del benessere e della bellezza di pelle e capelli. Con un core business principale nei settori hair & personal care, propone per la beauty routine quotidiana, una scelta di prodotti green ricchi di principi attivi naturali, assicurando il giusto rispetto per la pelle e l'ambiente.

Bioclin ha raccolto la sfida della sostenibilità impegnandosi in una proficua collaborazione con la Fondazione Slow Food per la Biodiversità Onlus, l'organismo operativo di Slow Food per la tutela della biodiversità. Attraverso un supporto diretto al progetto di Slow Food dei Presìdi, Bioclin ha potuto sostenere piccoli produttori valorizzando territori, mestieri e tecniche tradizionali salvaguardando specie autoctone di ortaggi e frutta.

Nessun solvente chimico viene utilizzato: una sicurezza in più che garantisce un prodotto a basso impatto ambientale. In particolare, Bioclin propone alcune linee a favore dell'Upcycling quali Bio-Hydra, Bio-Essential Orange.

BIO-HYDRA

La linea per capelli custodisce le virtuose proprietà delle antiche mele dell'Etna provenienti dal Parco Naturale alle pendici dell'Etna in cui vengono coltivate quattro antiche varietà di mele.

La linea Bio-Hydra è arricchita con un'Acqua ecosostenibile ottenuta dalle antiche mele Gelato Cola dell'Etna, particolarmente ricca di polifenoli e flavonoidi, oltre ad essere completamente priva di alcool e qualsiasi solvente di estrazione. Nessun solvente chimico è utilizzato in nessuna fase produttiva, il che rende questo prodotto sicuro e a basso impatto ambientale. L'Acqua delle mele Gelato Cola è ottenuta mediante un processo di estrazione fisica in modo da garantire la massima integrità e naturalità dei principi attivi utilizzati.

Lo Shampoo e la Maschera idratante Bio-Hydra sono indicati per capelli normali e cuoio capelluto sensibile. Con oltre il 90% di attivi naturali, rendono i capelli idratati, morbidi al tatto, luminosi e facilmente pettinabili. Oltre all'Acqua di Antiche Mele dell'Etna dal Presidio Slow Food, attivo ecosostenibile dalle preziose proprietà cosmetiche, la linea contiene Acido ialuronico di origine biotecnologica a basso peso molecolare, che penetra nella corteccia del capello per rivitalizzarlo. Lo shampoo non contiene agenti schiumogeni aggressivi per un'azione igienizzante efficace e delicata, nel rispetto anche della pelle più sensibile. La maschera, presenta oggi una novità grazie all'aggiunta dell'attivo EMOGREEN™ L15, l'alternativa sostenibile ai siliconi che ha l'obiettivo di domare l'effetto crespo senza appesantire i capelli.

Le formule sono biodegradabili e il packaging dello Shampoo è in R-PET riciclato e nuovamente riciclabile. Il tubo della maschera invece è in PE a ridotto impatto ambientale e di origine vegetale al 90%.

La linea Bio-Hydra di Bioclin non contiene coloranti, siliconi, SLS, SLES, è dermatologicamente testata e testata per Nickel, cobalto, Cromo, Palladio e Mercurio.

BIO-ESSENTIAL ORANGE Hair & Shower Gel - Con acqua da arance biologiche

BIOCLIN BIO-ESSENTIAL ORANGE è lo shampoo e shower gel 2 in 1 dalla formula biodegradabile e dalla profumazione agrumata ispirata all'aromaterapia. Formulato con Acqua di arance rosse biologiche, proveniente da agricoltura biologica certificata e di origine italiana, è ottenuta mediante un processo ecosostenibile di upcycling che predilige il recupero e la riqualificazione dei materiali di scarto alimentare provenienti dalla produzione di succhi di frutta, nell'ottica di ridurre al minimo l'impatto sull'ambiente.

Bio-Essential Orange è adatto a tutte le pelli, anche a quelle più sensibili, ed è la soluzione pratica e conveniente per tutta la famiglia. Dona alla pelle e ai capelli un'azione energizzante e antiossidante, lascia la pelle morbida e setosa e, grazie al suo profumo intenso, fresco ed avvolgente, trova applicazione in aromaterapia, aiutando a riequilibrare corpo e mente. L'Olio essenziale di Arancia, infatti, grazie alla sua dolce fragranza crea un'atmosfera rilassante e di benessere, donando momenti di relax al corpo e alla mente. Oltre alle sue proprietà emollienti, Bio-Essential Orange vanta anche proprietà anti-batteriche.

In un'ottica di responsabilità ambientale, il packaging è studiato secondo la logica dell'eco-sostenibilità: è riciclato e riciclabile secondo un sistema di recupero e riqualificazione degli scarti. Le etichette di confezionamento sono biodegradabili; il flacone ha un design che ottimizza gli spazi durante l'attività di imballaggio, stoccaggio e trasporto per ridurre al minimo l'impatto sull'ambiente e lo spreco di risorse.

I prodotti Bioclin sono disponibili in farmacia.

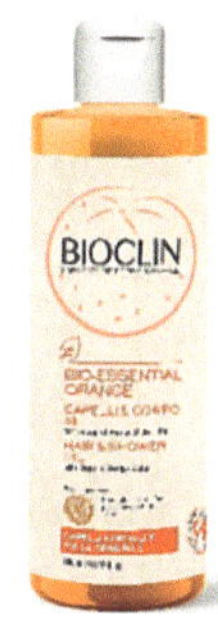

Éric Zemmour
FROM FRANCE

14

credits :: crediti
creative director: Eric Zemmour
per l'Oreal Professionell
photo: Maciej Swistek
make-up: Anna Sokolowska
stylism: Nana Chomik
production: MKPRODUCTION

16

17

La moda per la **primavera 2024** tra grandi classici e i nuovi trend

Grazie all'immediatezza dei social come TikTok, la Generazione Z sta dimostrando una grande capacità di generare continuamente nuovi trend in grado di influenzare l'industria della moda.

Ma come si traducono queste tendenze virali nella vita di tutti giorni?
STILEO, motore di ricerca di moda leader in Italia con oltre 7 milioni di visite al mese, presenta i dati raccolti nell'ultima edizione report **"Year in Review"** dove illustra trend, colori e capi per la primavera 2024.

Balletcore

Il ritorno delle ballerine, che per anni sono state considerate la calzatura out per eccellenza, sta riscontrando un enorme successo registrando una crescita del 21%; in particolare si sta riscoprendo il fascino del modello Mary Jane, in grado di coniugare perfettamente estetica e raffinatezza. Anche i cardigan hanno ricevuto particolare apprezzamento, registrando un aumento degli acquisti del 25%.

Corpcore

Evoluzione del trend *Quiet Luxury*, il concetto che si basa su capi di alta   qualità e minimalisti, promuovendo una moda priva di logo e privilegiando i toni neutri, nel 2024 li ritroviamo in una nuova veste: il *Corpcore*, il nome ufficiale per l'estetica della working girl su TikTok.

Oggi, il classico l'abbigliamento da ufficio assume linee più morbide e comode. I must-have per questo stile? **I mocassini.** Anche chi non lavora in ufficio, può comunque decidere di vestirsi come se lo facesse, con eleganti pantaloni a palazzo, blazer oversize e scarpe basse, che siano sneakers o mocassini. In questo caso, si tratta di un mix perfetto tra "glamour" e "cozy": la business woman del 2024 sceglie la comodità.

Stare al passo con i tempi, ma senza rivoluzionare l'armadio? Ecco i singoli capi che stanno riscuotendo più successo e sono perfetti per i primi giorni primaverili:

Ugg Ultra Mini

Qualcuno ha detto 2014? Ecco uno degli item che è ritornato in grande stile nei nostri armadi: gli **Ugg**, i compagni perfetti per i mesi freddi forse non sono mai passati di moda, si sono semplicemente rimpiccioliti.

Gonne Midi

Se in estate i must have erano le gonne midi in denim e raso, per affrontare al meglio gli ultimi freddi le opzioni più scelte sono quelle in maglia e in lana.

Vintage Adidas Sneakers

Adidas Samba e **Gazelle** sono state senza dubbio le sneakers che hanno dominato nel 2023, riscontrando un enorme aumento nelle ricerche. Un altro modello di sneakers di tendenza in Italia è stato Adidas Campus.

Wide Jeans

Una volta tramontato il trend dei mom jeans, ora il modello **wide** è diventato quello più cercato e indossato già nel 2023, e ha intenzione di conquistare anche il 2024.

E per un tocco di colore? Ecco qui le sfumature su cui puntare nella primavera 2024:

Rosso

Elegante, energico e seducente, questo è il colore che ha conquistato le passerelle dell'autunno 2023. Sebbene McQueen, Bottega Veneta e Valentino abbiano dimostrato con le loro collezioni che li rosso può essere indossato dalla testa ai piedi, questo colore si presta bene anche come elemento di contrasto attraverso accessori come borse, sciarpe, scarpe e calze. In particolar modo, quando le temperature sono ancora basse si possono puntare alle tonalità

più intense e sensuali da vera *cherry girl* come il rosso vino e il bordeaux, per poi prediligere sfumature più accese con l'arrivo della bella stagione.

Grigio

Esiste una buona ragione per cui il grigio è diventato il colore neutro più popolare degli ultimi mesi: non a caso, gli ultimi trend dell'*officewear* come la *working girl* e l'*office siren*, sono caratterizzati in capi classici da ufficio come blazer, maglioni, gonne e pantaloni ampi dall'estetica un po' anni Novanta, e quale colore scegliere se non il neutro-freddo per eccellenza? Inoltre, tra i suoi pregi c'è la versatilità e la capacità di abbinarsi perfettamente ad altri colori: ad esempio, funziona benissimo con il sopracitato rosso.

Argento

Lo scenario offerto dalle passerelle è attualmente brillante come nei Ruggenti anni Venti, e l'argento risulta la tonalità metallizzata in assoluto più scelta, venendo persino considerato un colore neutro, soprattutto se abbinato a colori freddi come le sfumature del grigio. Questa tendenza è presente in maniera evidente nelle calzature e negli accessori, ma c'è anche un capo che sta riscuotendo particolare successo: i jeans argentati!

19

hairstylist
Mod's Hair
FROM FRANCE
20
iHF italian & international hair fashion • n° 46 / 2024

credits :: crediti
hair: MOD'S Hair Charline Gohele
Harold Berard
make-up: Vanille Guatier
styling: Lila Sion
production assistant: Céline Sergent
21

22

23

Marta Robak

FROM POLAND

credits :: crediti

The Infinite Dimension of Femininity"
collection
photo: Marta Macha
make-up: Natalia Błaszyk
design and production of costumes:
Kamil Hala
Remodels Management Agency @remodels_
mgmt Models Jules, Hania K, Sofia

25

hairstylist
Joico Europe
26

credits :: crediti
Art direction: Bruno Marc Giamettei
Color mentor: Daniel Spiller
Videography: D&A Films
Photo: Jamie Blanshard Photography
Styling: Ellen Spiller
Make-up: Katie Moore
Models: Zoe, Eliza and
Cristina @ The Hairdesk

Associazione MUA Italia

In supporto a tutti i professionisti della Bellezza

L'associazione MUA ITALIA truccatori ed Effetti speciali Italiani nasce con l'obiettivo di dare a tutti i truccatori professionisti con una qualifica certificata, a seguito di un percorso formativo presso scuole professionali, la possibilità di farsi conoscere, di pubblicizzarsi, di creare delle sinergie e collaborazioni non solo fra professionisti dello stesso settore, ma anche con altre figure, quali: fotografi, artisti del teatro e del cinema, organizzatori di eventi ecc..

Le Eccellenze del Make Up

Responsabili Regionali	Soci Onorari
Dorina Forti - Lazio	Nicola De Toma A. S. A
Clara Niero - Veneto	Aylin Mirzaoglu
Goska Kloda - Lombardia	Vittorio Sodano
Vally Tellan - Friuli Venezia Giulia	Maurizio Fruzzetti
Ilaria Solari - Liguria	Kazu Hiro
Maria Cristina Laghi - Emilia Romagna	Roberto Gotti
Stefano Pizzolito - Toscana	Vasco Stolzi
Luisa Festa - Campania	Daniele Procacci
Giuseppe Leanza - Puglia	Yannick Doré
Francesca Cardinali - Marche	Julie Allison
	Diana Y. Choi
	Laurent Caille
	AVV. Giuseppina Massaiu

Grafica: rogo1211@yahooo.it

Presente sull'intero territorio Nazionale con: Corsi perofessionali tenuti da docenti di eccellenza, selezionati e di grande esperienza, sconti sulle offerte proposte da Partners collaboratori, consulenza e supporto da parte di professionisti, disponibilità di documentazione esclusiva per Associati, grande visibilità e presenza su social network, riviste e qualsiasi attività svolta dall'Associazione MUA Italia.

PASSIONE, UMILTA', RISPETTO, COLLABORAZIONE e PROFESSIONALITA'

Dorina Forti

Vincitrice Emmy Award 2007 - Premio Alla Carriera Fondazione Cartlo Rambaldi

Fondatore/Presidente Associazione MUA Italia - Direttivo A.S.A. Autonomo Sindacato Audiovisivi

Informazioni: associazione@muaitalia.com - WhatsApp: 345 3058263

hairstylist
Elise Antoine
FROM FRANCE
30
iHF italian & international hair fashion • n° 46 / 2024

credits :: crediti

photo: Weronika Kosinska
make-up: Maja Blawuciak
styling: Patryk Gajewski
production: MKproduction
& Christophe Gaillet

31

I mille volti del trucco

Il make-up è un'arte che ha il potere di trasformare il viso femminile in una tela su cui dipingere emozioni, personalità e stili. Esistono diverse categorie di make-up, ognuna con uno scopo specifico: make up per valorizzare il viso femminile, make-up cinematografico, make-up teatrale, make-up fotografico e fashion make-up.

Make-up per il Viso Femminile

Scopo: Il make-up per il viso femminile ha l'obiettivo di migliorare le caratteristiche naturali del viso, valorizzare i tratti distintivi e creare un look armonioso e ben curato. Attraverso l'applicazione di prodotti cosmetici specifici, il make-up può essere utilizzato per enfatizzare gli occhi, definire le sopracciglia, illuminare l'incarnato e contornare le linee del viso per creare un aspetto radioso e elegante.

Passaggi:

1. Preparazione della pelle: Il primo passo consiste nella pulizia e idratazione della pelle per garantire una base liscia e uniforme per l'applicazione del make-up.
2. Correzione delle imperfezioni: Utilizzando correttori e fondotinta, si correggono eventuali imperfezioni della pelle come macchie, discromie, rossori e occhiaie.
3. Definizione degli occhi: Si applicano ombretti, eyeliner e mascara per enfatizzare gli occhi e creare uno sguardo magnetico.
4. Contorno e illuminazione: Con l'utilizzo di prodotti per il contouring e l'illuminante, si definiscono le linee del viso e si aggiunge luminosità alle zone strategiche come gli zigomi e l'arco sopracciliare.

Roberto Gotti

Da 30 anni è uno dei più noti, stimati e considerati make-up artist della moda e del fashion design italiano. Celebrato dalle più autorevoli e rilevanti testate di immagine e fashion, collabora in qualità di truccatore ed esperto di immagine con le principali riviste e agenzie pubblicitarie. Ha curato e tuttora firma i look per innumerevoli sfilate delle più importanti e famose griffe. La sua lunga esperienza e la sua professionalità lo hanno portato a intraprendere un nuovo percorso in qualità consulente presso molte società di settore. Attualmente collabora per una esclusiva agenzia di Make uo and Hair in Milano. (twa-agency.com) (robertogotti.com)

5. Labbra: Si completano il look applicando rossetti o gloss per evidenziare e definire le labbra.

Prodotti: Tra i prodotti comunemente utilizzati per il make-up del viso femminile ci sono fondotinta, correttori, cipria, blush, highlighter e prodotti per il contouring.

Consigli: È importante scegliere prodotti di qualità adatti al proprio tipo di pelle e tonalità per ottenere un risultato naturale e duraturo. Inoltre, una corretta preparazione della pelle e la cura nell'applicazione dei prodotti sono fondamentali per un make-up impeccabile.

Il make-up per il viso femminile è un'arte che permette di esaltare la bellezza naturale e creare look personalizzati e affascinanti.

Make-up Cinematografico

Scopo: Il make-up cinematografico è progettato per creare illusioni ottiche e effetti visivi che si adattino alle esigenze della fotografia e delle riprese video. Ha lo scopo di garantire che gli attori appaiano in modo realistico e convincente sul grande schermo, resistendo alle luci intense del set e alle riprese prolungate.

Caratteristiche:

1. Realismo: Il make-up cinematografico si concentra sulla creazione di effetti visivi realistici che appaiano autentici sullo schermo, garantendo che gli attori siano credibili nei loro ruoli.
2. Resistenza: I prodotti utilizzati nel make-up cinematografico devono essere resistenti alle luci intense del set, al calore delle luci e alle riprese prolungate per mantenere il trucco intatto durante le riprese.
3. Adattabilità: Il make-up cinematografico deve adattarsi alle diverse condizioni di illuminazione e agli obiettivi della telecamera per garantire che gli attori siano ben visibili e che il trucco sia valorizzato sullo schermo.

Tecnica:

- La tecnica del make-up cinematografico richiede competenze specializzate nell'applicazione dei prodotti e nella creazione di effetti visivi realistici.

- Gli artisti del make-up devono lavorare in stretta collaborazione con il regista, il direttore della fotografia e il cast per garantire che il trucco sia in linea con la visione creativa della produzione.

Consigli:

- È fondamentale utilizzare prodotti di make-up di alta qualità e specifici per il make-up cinematografico per garantire durata e realismo.
- La preparazione della pelle e la cura nell'applicazione dei prodotti sono essenziali per ottenere un trucco uniforme e credibile sullo schermo.

Il make-up cinematografico è un'arte che richiede competenze e abilità specifiche per creare effetti visivi realistici e convincere il pubblico attraverso la magia del cinema.

Make-up Teatrale

Scopo: Il make-up teatrale è progettato per accentuare le espressioni facciali e garantire che siano visibili anche da lontano durante le performance teatrali. Ha lo scopo di creare effetti visivi drammatici e enfatizzare i tratti del viso per garantire che gli attori siano ben visibili sul palco, anche nelle condizioni di illuminazione più intense.

Caratteristiche:

1. Colori vibranti: Il make-up teatrale utilizza colori vivaci e intensi per creare contrasti e enfatizzare le caratteristiche del viso.
2. Linee marcate: Sono utilizzate linee nette e definite per definire i contorni del viso e creare effetti visivi incisivi.

3. Effetti speciali: Il make-up teatrale può includere l'uso di effetti speciali come protesi, cicatrici finte, ferite e altri dettagli per creare personaggi fantastici e surreali.
4. Luci e ombre: L'uso di luci e ombre è fondamentale nel make-up teatrale per creare profondità e dare tridimensionalità al viso dell'attore, garantendo che sia ben visibile anche da lontano.

Tecnica:
- La tecnica del make-up teatrale richiede precisione e maestria nell'applicazione dei colori e nella definizione delle linee.
- Gli attori possono subire trasformazioni radicali attraverso il make-up teatrale per interpretare ruoli diversi e creare personaggi memorabili.

Consigli:
- È importante utilizzare prodotti di make-up di alta qualità e resistenti per garantire che il trucco rimanga intatto durante le lunghe performance teatrali.
- La collaborazione tra truccatori e costumisti è essenziale per creare un look armonico e coerente con il personaggio e il contesto della produzione teatrale.

Il make-up teatrale è un'arte che richiede creatività, abilità e precisione per trasformare gli attori in personaggi incisivi e memorabili sul palco.

Make-up Fotografico

Scopo: Il make-up fotografico ha lo scopo di valorizzare le caratteristiche del viso e creare un aspetto impeccabile che si traduca bene in foto. È progettato per resistere alle luci del flash, alle condizioni di illuminazione e agli effetti della fotocamera, garantendo che il trucco appaia naturale e ben definito nelle immagini.

Caratteristiche:
1. Correzione: Il make-up fotografico include la correzione delle imperfezioni della pelle, come macchie, discromie, occhiaie e rossori, per ottenere un incarnato uniforme e luminoso.
2. Definizione: Si enfatizzano gli occhi, le sopracciglia e le labbra per creare punti focali che si distinguano bene in foto.
3. Resistenza: I prodotti utilizzati nel make-up fotografico devono essere resistenti al calore, all'umidità e alle luci intense per garantire che il trucco rimanga intatto durante le sessioni fotografiche.

Tecnica:
- La tecnica del make-up fotografico prevede l'utilizzo di prodotti specifici per la fotografia, come primer, fondotinta ad alta definizione, correttori e polveri traslucide.
- È importante sfumare bene i prodotti e creare transizioni morbide per evitare effetti indesiderati nelle foto.

Consigli:
- Prima di una sessione fotografica, è consigliabile fare una prova di make-up per testare come il trucco appare attraverso l'obiettivo e apportare eventuali correzioni.
- La scelta dei colori e dei prodotti deve essere adatta alle esigenze della fotografia e al tipo di luce utilizzata per ottenere risultati ottimali.

Il make-up fotografico è un'arte che richiede precisione e attenzione ai dettagli per creare un look favoloso che si traduca bene nelle immagini.

Fashion Make-up

Scopo: Il fashion make-up è un tipo di trucco che si concentra sull'espressione creativa, sull'interpretazione delle tendenze di moda e sull'esplorazione di stili innovativi e audaci. Ha lo scopo di creare look artistici, glamour e di tendenza che si adattino alle passerelle, alle sessioni fotografiche di moda e agli eventi speciali.

Caratteristiche:
1. Creatività: Il fashion make-up offre spazio alla creatività e all'espressione artistica, consentendo agli artisti del trucco di sperimentare con colori, texture e forme per creare look unici e originali.
2. Tendenze di moda: Il make-up fashion si ispira alle ultime tendenze di moda e beauty, incorporando elementi innovativi e avanguardisti per creare look all'avanguardia e di impatto.
3. Personalità: Il fashion make-up permette di esprimere la personalità e lo stile individuale attraverso il trucco, trasformando il viso in una tela su cui creare opere d'arte.

Tecnica:
- La tecnica del fashion make-up richiede competenze avanzate nell'applicazione dei prodotti e nella creazione di effetti visivi complessi, come sfumature elaborate, contouring pronunciato e dettagli intricati.
- Gli artisti del trucco devono essere in grado di interpretare le direttive creative dei designer e dei fotografi per creare look che si integrino armoniosamente con l'estetica della moda.

Consigli:
- Sperimentare con colori vivaci, texture innovative e accenti audaci per creare look fashion originali e memorabili.
- Mantenere la pelle ben curata e idratata per garantire una base perfetta per l'applicazione del make-up fashion e ottenere risultati ottimali.

Il fashion make-up è un'arte che permette di esplorare la creatività, seguire le tendenze di moda e creare look straordinari e di impatto.

Roberto Gotti

hairstylist
Sr Soco
FROM ITALY
credits :: crediti
SHUTTERSTOCK.com di Kiselev Andrey Valerevich – colore realizzato con Coloranda di Axenia
35

36

hairstylist
Nemesi
Tricomeccanica
FROM ITALY
37
iHF italian & international hair fashion • n° 46 / 2024

credits :: crediti

photo: Cinzia Casella Photographer
make-up: Team Nemesi
styling: Diego Cova
products: Prodotti Nemesi Tricomeccanica
e Crazy Color
salone: Nemesi Tricomeccanica
collezione: Viridis

"Templarea" online i prodotti dell'azienda di agricosmesi made in Umbria

Fondata da due giovanissimi studenti perugini della facoltà di Agraria dell'Università di Perugia, Templarea si è affacciata sul mercato italiano tre anni fa, durante il periodo pandemico, con la sua prima linea cosmetica 100% naturale, la linea Zafferano, nata proprio dalla volontà di Edoardo Tardioli e Mattia Vicarelli di utilizzare una delle eccellenze del territorio perugino per uno scopo diverso da quello gastronomico e culinario.

Linea Zafferano

Già dai tempi dei cavalieri templari infatti (di qui anche il nome del brand) lo zafferano era considerato "oro vegetale della regione", sia per il suo colore sia per le sue proprietà organolettiche (antifiammatorie, lenitive, antiossidanti).
La Linea Zafferano appunto, che viene oggi commercializzata a centri estetici, all'interno di fiere, mercati, negozi e ora anche online https://templarea.it.

I prodotti

Tra i prodotti di punta della Linea Zafferano, la crema idratante viso e corpo a base di estratto di zafferano (con proprietà antiossidanti, purificanti, e protettive) arricchita poi con olio di girasole biologico e vitamina E, la crema rivitalizzante viso e corpo che, con suoi oli vegetali contribuisce a ricostruire il film lipidico della pelle (il balsamo antiage realizzato con olio di oliva biologico ed estratto di zafferano con funzione antiossidante e protettiva (Eur.54); il balsamo rivitalizzante con olio di oliva, estratto di zafferano e olio

essenziale di menta, che tonifica la pelle in modo naturale.
Info: https://templarea.it

Linea MammaBaby®: per l'igiene e la cura dei più piccoli

Linea MammaBaby®, brand di Olcelli Farmaceutici, nato dall'esperienza farmaceutica che opera nel settore dal 1944, è la linea di prodotti detergenti-cosmetici pensati per i bambini e per tutta la famiglia. L'intero ciclo produttivo di questa linea è 100% Made in Italy. Grazie all'attenzione per la selezione dei migliori ingredienti naturali e al rispetto delle normative ambientali ogni referenza viene realizzata in armonia con la natura.
Ovviamente tutti i prodotti sono stati caratterizzati da un'estrema attenzione per la qualità e per la formulazione. Le referenze della Linea spaziano dalla crema cambio alle creme per il corpo e il viso, dai prodotti per la pediculosi ai solari, passando per l'acqua profumata e per referenze specifiche per le mamme come Gelsomina, il detergente intimo pensato apposta per loro.
Molti prodotti sono certificati Cosmos Natural (certificazione che garantisce maggiore controllo dei singoli ingredienti, garanzia della filiera produttiva e garanzia test di analisi) e valutati sotto controllo pediatrico, formulati con estratti vegetali provenienti da agricoltura biologica, dermatologicamente testati, la maggior parte su pelli sensibili, testati per nickel, cromo e cobalto per ogni lotto di produzione, privi di coloranti, siliconi, PEG, parabeni, Sodium Laureth Sulfate (SLES) e Sodium Lauryl Sulfate (SLS), con profumazione naturale.

Con Matis, rigeneri la tua pelle

Con la sua ampia proposta di prodotti per la skincare, Matis Paris - brand parigino che si avvale dell'esperienza dei trattamenti in Istituto unendo tradizione e modernità, biotecnologie e natura – offre risposte specifiche e soluzioni mirate per ogni esigenza.
Per una pelle perfetta e levigata, **Hyalu-Liss Primer** è la soluzione ideale. È una base per il trucco "effetto Photoshop", che uniforma la carnagione e riduce le imperfezioni. Le rughe e i pori sono minimizzati con un solo gesto. La sua texture "seconda pelle" lascia un velo leggero, come una piuma sul viso. La pelle risulta vellutata e perfettamente liscia.
Glam-Oil per risplendere! Un olio secco pailletée per viso, corpo e capelli, arricchito da una preziosa associazione di oli che nutre e ammorbidisce la pelle.
Cold-Lip Balm è un balsamo nutriente dalla texture fondente e sensoriale che dona conforto alle labbra indebolite. La combinazione di Cera d'Api Bianca e Burro di Karité, dalle qualità filmogene, contribuisce a nutrire intensamente, alleviare e proteggere dalle aggressioni esterne. Particolarmente adatto per labbra secche e danneggiate. Dermatologicamente testato.
Authentik-Balm Remover è un balsamo detergente che, a contatto con l'acqua, si trasforma prima in olio e poi in un'emulsione lattata, per un risciacquo ottimale. Strucca perfettamente tutti i tipi di pelle con un gesto multi-sensoriale.
Sensi-Cold Cream
Questo trattamento 2 in 1 può essere utilizzato ogni giorno come crema o, in caso di pelle molto secca, come maschera.
La pelle è protetta, nutrita, elastica e più confortevole. La sua texture avvolgente dona comfort immediato senza lasciare untuosità.
I prodotti Matis Paris sono disponibili sul sito **www.matis-paris.it** e nei centri estetici autorizzati (elenco sul sito).

Nuovo Hyal Technofiller

Non è un filler ma un trattamento cosmetico ad azione riempitiva da utilizzare a casa. L'ultima novità di Wonder Company, il Luxury brand italiano della Cosmesi, è Hyal Technofiller, gel viso rigeneratore di giovinezza, per una massima idratazione della pelle e riempimento delle rughe. Un prodotto innovativo che non solo svolge un'azione idratante in profondità, ma ha anche un effetto filler su linee di espressione e rughe.

A base di acido ialuronico a tre pesi molecolari e collagene marino idrolizzato, attivi particolarmente efficaci per favorire il riempimento e il rimpolpamento dei tessuti, il nuovo Hyal Technofiller è indicato per tutte le pelli, in particolare quelle più mature, per contrastare con precisione i segni dell'età.

L'acido ialuronico a basso peso molecolare ha un effetto idratante e levigante sulle piccole rughe, quello a medio peso molecolare conferisce maggiore compattezza alla pelle, mentre quello ad alto peso molecolare esercita un'azione protettiva, reidratante e tridimensionale. Il collagene in forma idrolizzata viene facilmente assorbito e svolge un'azione rassodante e antirughe, migliorando tono ed elasticità della pelle.

Wonder Company è presente nelle migliori farmacie del territorio nazionale, e oltre 3000 punti vendita attivi. Tutti i prodotti delle sue linee sono disponibili anche online sul sito ufficiale **www.wonder-company.it**

Spring beauty routine 100% naturale

Come illuminare pelle, capelli e corpo durante la primavera
Aroma-Zone, brand francese per la bellezza naturale, la cura della pelle e il benessere, consiglia alcuni dei prodotti della sua linea per una beauty routine pensata per la primavera.

Trattamento viso riparatore
La pelle in generale e in particolare quella del viso è soggetta a tensione e arrossamento. Bisogna quindi mantenerla idratata con il giusto rituale: adottare prodotti ricchi di oli e burri vegetali, arricchiti con oli essenziali mirati, che aiutino a lenire, nutrire e attivare la microcircolazione senza dimenticare il contorno occhi e le labbra.

Set duo siero e crema - Soluzione di idratazione intensa
L'acido ialuronico è l'alleato numero uno contro la pelle secca e per questo, Aroma-Zone ha pensato a un Set duo Siero e Crema per un'idratazione intensa anche Il siero concentrato all'Acido Ialuronico dona efficacia nell'idratazione della pelle che, unito alla crema viso neutra emolliente, dona alla pelle un'idratazione fino a 8 ore dall'applicazione. Questa sensazione è data dall'aloe vera e dall'idrolato di menta piperita, ingredienti dissetanti e rinfrescanti presenti nella crema Aroma-Zone.

Set duo siero e crema
Siero concentrato per il contorno occhi 5% Caffeina ed Elicriso. È importante prendersi cura del contorno occhi. Con il Siero concentrato 5% Caffeina ed Elicriso, Aroma-Zone ha creato un prodotto in grado di levigare ed illuminare lo sguardo anche in inverno.

Aroma-Zone propone inoltre l'Integratore Alimentare di Collagene marino, che ha dimostrato clinicamente di migliorare la bellezza e la compattezza della pelle.

Trattamento nutriente per capelli
I capelli tendono a diventare secchi, spezzati e fragili. Per ripristinarne forza e bellezza, Aroma-Zone suggerisce oli vegetali nutrienti, maschere idratanti e riparatrici, con principi attivi che aiutano la fibra capillare a ristrutturarsi e a resistere alla secchezza e all'elettrostaticità.

Crema Multiuso
La pelle secca è un problema ricorrente, per questo Aroma-Zone ha pensato ad una Crema Multiuso 100% di origine naturale per nutrire ed ammorbidire la pelle di tutta la famiglia. Grazie al succo di Aloe vera BIO arricchito con oli di Jojoba e Calendula e burro di Cacao, questo trattamento è adatto a tutti gli usi: crema corpo nutriente mani, piedi e molto altro. Ha una texture cremosa e non grassa.

Crema mani all'Acido ialuronico e Avocado BIO
La soluzione per idratare la pelle delle mani è la Crema all'Acido Ialuronico e Avocado BIO di Aroma-Zone: senza profumo né allergeni, è adatta a mani e cuticole molto secche. Grazie ai suoi ingredienti naturali, nutre, lenisce e avvolge le mani in un film protettivo senza alcun effetto grasso o

appiccicoso. La sua texture cremosa e fondente lascia le mani morbide e riparate.

Burro di Karité Grezzo BIO
Grazie alle proprietà nutrienti, idratanti, emollienti e protettive, il Burro di Karité Grezzo BIO Aroma-Zone è ideale per la cura della pelle secca e screpolata, anche di mani e piedi. Si tratta di un prodotto che aiuta a proteggere, ammorbidire e ristrutturare la pelle danneggiata.
Info: www.aroma-zone.com/it

Fabi per Milano Fashion Week

La Fashion Week di Milano dello scorso febbraio è stata l'occasione perfetta per dimostrare che la moda non è solo ciò che viene indossato, ma si estende fino alla punta delle dita, con Faby Nails che ridefinisce il concetto di eleganza fino all'ultimo dettaglio.

Straordinaria collaborazione tra la famosa azienda di Vercelli e alcuni dei più rinomati stilisti del panorama moda: Alabama Muse, Hui, Anteprima, Gucci, Genny, Emporio Armani, Giorgio Armani e Marni hanno scelto Faby per esaltare lo stile unico di ogni collezione con colori e finish esclusivi.

Faby Nails si conferma ancora una volta pioniere nel mondo della bellezza, abbinando la propria maestria nella cura delle unghie alla visione artistica degli stilisti.

hairstylist
Annie Ankervik
FROM SWEDEN

credits :: crediti
photo: Linda Andersson
make-up: Sara Stenfors
styling: Emma Carling
assistants: Nora Ankervik

43

hairstylist
Christopher Laird
FROM GREAT BRITAIN
45

credits :: crediti

hair team: Justine Wier,
Rebecca Jacques, Tommy Hardy,
Cat Cleland, Harry Watson, Rhys Chiwara
photo: Chris Bulezuik
make-up: Emma Louise Cantwell
stylist: Lewis Cameron

46

48

GRart'hè

ARTI GRAFICHE

CREAZIONI ARTISTICHE PER AZIENDE E PRIVATI

STUDIO E PROGETTAZIONE DI CAMPAGNE PUBBLICITARIE PER AZIENDE COSMETICHE,
LOGHI, MARCHI, BRAND PERSONALIZZATI, PER CHI ESERCITA NEL CAMPO DELL'ESTETICA,
DELLA BELLEZZA E DELLA MODA.

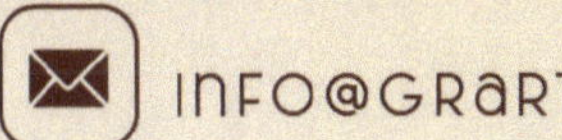 INFO@GRARTHE.COM

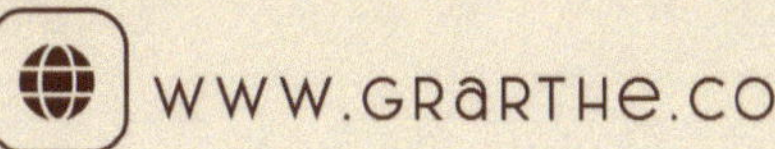 WWW.GRARTHE.COM

 +39 378 0696660

WELLNESS in giro per il mondo

Moosmair Farmhotel il luogo ideale per evadere dalla routine e abbracciare un territorio, quello dell'area vacanze Valle Aurina, carico di fascino e di quiete

Un albergo con una vista spettacolare su un paesaggio dolomitico di eccezionale bellezza, nato come maso più di 600 anni fa, è arrivato ai giorni nostri come struttura alberghiera di grande qualità dove felicità e tranquillità sono le parole d'ordine.

Un luogo di pace e relax con un forte senso familiare, una culla di serenità nell'area vacanze Valle Aurina da vivere magari, anche solo per una piccola fuga dalla città.

Ad Acereto presso Campo Tures, (BZ) le vacanze sembrano non finire mai. Per un soggiorno indimenticabile in mezzo alla natura, combinando la bellezza dell'area vacanze Valle Aurina con l'atmosfera autentica di un albergo che ha attraversato i secoli, una struttura dalle radici antiche e con una lunga tradizione d'ospitalità. Il Moosmair è il luogo ideale fuggire dalla confusione e dallo stress per ricaricare le energie.

Camere di design dove rilassarsi e una cucina gourmet, sana e con sapori autentici, e il Moosmair Wellness per ritrovare il benessere, magari con un massaggio eseguito con olio essenziale di menta caldo che stimola particolari punti di rilassamento che vanno dalla testa ai piedi. Un trattamento completo per rigenerare tutto il corpo, rilassare i muscoli, dare sollievo dallo stress e stimolare la circolazione sanguigna; il profumo della menta calda contribuisce e crea un'esperienza rinfrescante e rilassante, il modo più piacevole per coccolare e premiare il proprio corpo…
INFO: info@moosmair.it

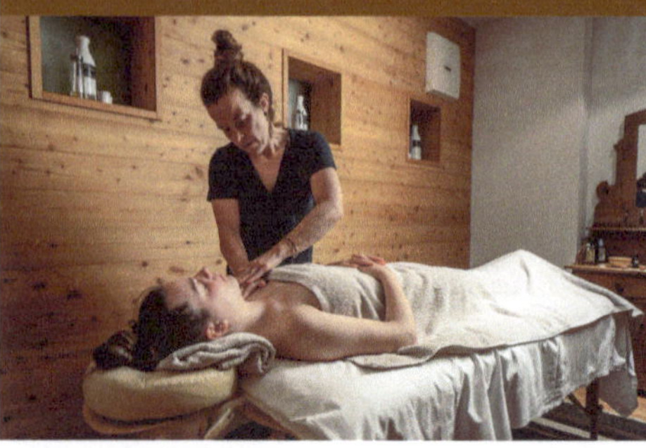